FREUD EXPLIQUÉ AUX ENFANTS

FREUD EXPLIQUE AUX ENFANTS

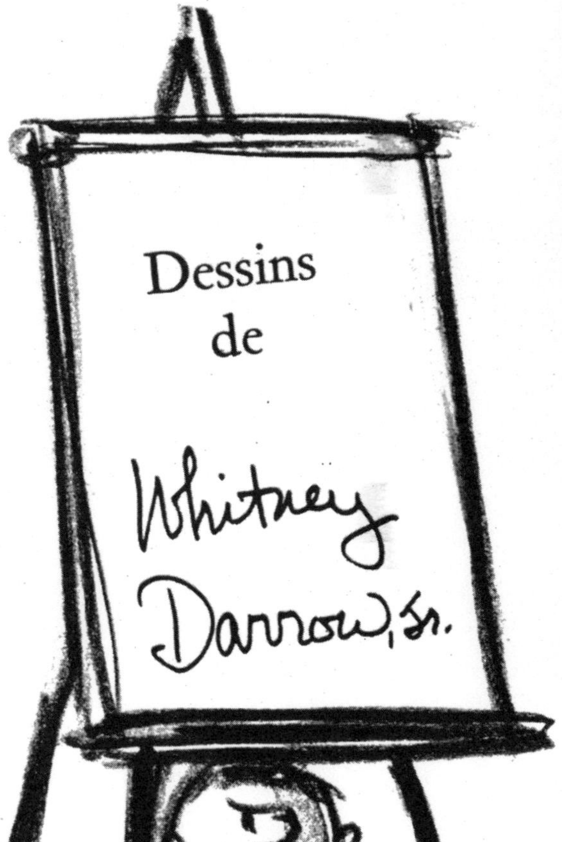

Texte de
Louise Armstrong

Traduit par
Yves Roumajon

LIBRAIRIE ARTHEME FAYARD

Cet ouvrage est la traduction intégrale
publiée pour la première fois en France
du livre américain

A CHILD'S GUIDE TO FREUD
publié par Simon and Shuster, Inc. à New York

Sigismond Freud, père de la psychanalyse, est un auteur si prolixe et si controversé qu'il n'est jamais assez tôt pour l'aborder. Louise ARMSTRONG, psychanalyste et publiciste new-yorkaise, Whitney DARROW Jr. dessinateur, spécialiste de l'enfance délinquante dans le "New-Yorker", ont composé un manuel si clair que même les psychiatres seront capables de le comprendre. Yves ROUMAJON, psychanalyste et psychiatre d'enfants, a essayé de traduire le texte de Louise ARMSTRONG. Quant aux dessins de Whitney DARROW, ils sont aussi internationaux que la psychanalyse.

Ce livre doit permettre aux enfants d'expliquer à leurs parents les termes les plus élémentaires du vocabulaire freudien. De cette façon les parents pourront enfin comprendre leurs enfants et leurs psychanalystes.

Ce manuel est dédié à tous ceux qui ne sont pas :

AGRESSIFS,

RÉTRACTÉS,

INQUIETS,

IMMATURES,

et qui, malgré cela ont BESOIN D'AIDE.

A Sigmund F.
une personne vraiment adulte

Ça, c'est MAMAN.

Quand elle ne veut pas te laisser jouer au docteur avec Susie, dis qu'elle est SURPROTECTRICE.

Ça, c'est PAPA.

Il dort dans la même chambre que Maman
Dis qu'ils ont une RELATION CHARGEE DE SENS.

Les sentiments que tu éprouves
envers Maman et Papa
quand ils ferment leur porte
sont appelés ŒDIPIENS.

Ceci veut dire que tu veux
avoir
une RELATION CHARGEE DE SENS
avec Maman.

Si tu y penses beaucoup, cela s'appelle un DESIR.

Si tu y penses dans ton sommeil, cela s'appelle un REVE.

Si tu suces ton pouce
au lieu d'y penser,
cela s'appelle une COMPENSATION.

Si tu essaies d'avoir une
RELATION CHARGEE DE SENS avec Susie
et que tu y parviens,
cela s'appelle un PASSAGE A L'ACTE.

Si tu essaies d'avoir une
RELATION CHARGEE DE SENS avec Susie
et que tu échoues,
cela s'appelle un TRAUMATISME.

Si, au lieu de cela, tu bats ton papa aux échecs chinois, dis que c'est une SAINE AGRESSION.

S'il prend le parti de se fâcher,
dis qu'il MANQUE DE SECURITE.

S'il change d'avis et sourit, dis qu'il est INSTABLE.

Si tu le fais tomber
dans l'escalier
quand maman ne regarde pas,
dis que c'est de
l'HOSTILITE.

S'il se venge, dis qu'il est INFANTILE.

Si tu ne peins pas un dragon
et que tu ne l'appelles pas papa,
cela s'appelle le REFOULEMENT.

Si tu dessines un dragon
et que tu le nommes papa,
cela s'appelle une SUBLIMATION.

Le dessin lui-même s'appelle un SYMBOLE.
Cela signifie que papa n'est pas vraiment un dragon.

Si tu persistes à croire qu'il en est un, cela s'appelle une ILLUSION.

Si tu persistes encore plus, cela s'appelle une OBSESSION.

Si tu penses que toi aussi tu es un dragon,
cela s'appelle l'IDENTIFICATION.

Si tu dis qu'il vaut mieux
être un dragon,
cela s'appelle
une RATIONALISATION.

Si tu imagines que le petit dragon terrasse le grand dragon,
cela s'appelle un FANTASME.

Si tu l'imagines souvent,
c'est une REPETITION COMPULSIVE.

Si tu veux uniquement l'imaginer,
dis que c'est une REPRESSION.

Si tu imagines que le petit dragon
terrasse le grand dragon
et le met en pièces,
tu peux te qualifier de SADIQUE.

Si tu imagines que le grand dragon terrasse le petit dragon et en fait des petits morceaux, tu peux te qualifier de MASOCHISTE.

Ceci veut dire que tu te sens COUPABLE
de ce que tu souhaites faire à ton drag..., euh... papa.

Cela aussi veut dire que tu te sens ANXIEU
à cause de ce que tu souhaites faire
à maman.

Maintenant, si tu ne veux plus jouer au docteur avec Susie, cela s'appelle un RETRAIT.

Ceci veut dire
que tu ne peux plus
FAIRE FACE EFFICACEMENT à tes problèmes.

Ce vers quoi papa et maman t'emmènent est ce qu'on appelle une CONSULTATION PSYCHIATRIQUE.

Appelle PSYCHIATRE le monsieur qui est dans le fauteuil.

Lui, il t'appellera NEVROSÉ.

S'il te laisse rester assis quand tu lui rends visite,
cela s'appelle une PSYCHOTHERAPIE.
Cela veut dire que tu peux lui parler de Susie.

S'il te fait étendre sur son divan,
cela s'appelle une ANALYSE PROFONDE.
Si tu lui parles alors de Susie,
il appellera cela une RESISTANCE.

Ceci montre que tu es en train d'éviter
tes PROBLEMES ŒDIPIENS.

Défendre vigoureusement son point de vue se dit : COLERE SIGNIFICATIVE.

La raison pour laquelle le psychiatre ne s'en émeut pas, s'appelle LES HONORAIRES.

Les payer développe ton SENS DES VALEURS.

Cela te rend aussi capable d'ASSOCIER LIBREMENT.

Lorsque tu regardes le psychiatre,
ce que tu vois est une IMAGE.
S'il ressemble à un dragon,
dis que c'est une IMAGE PATERNELLE.

Il appellera ça un TRANSFERT.
Il en sera très heureux.

Cela signifie que tu es PRET
à TRAVAILLER A LA SOLUTION
DE TES PROBLEMES.

à COMPRENDRE qu'il n'y a pas de dragons
(c'est ce qu'on appelle PRENDRE CONSCIENCE DE LA REALITE)

Ou que, s'il en existe, tu aimes les dragons
(dis que c'est une ADAPTATION A LA REALITE).
Ou qu'en tout cas, tu en aimes quelques-uns
(dis que tu UTILISES TON EXPERIENCE).

Maintenant si tu es capable de VOIR CLAIR
EN TOI-MEME,
dis que tu es CONSCIENT.

Maintenant quand maman dira non, tu diras que c'est SON PROBLEME.

Quand papa dira non, tu diras
que c'est SON PROBLEME.

Lorsque Susie dira non, tu lui diras qu'elle est FRIGIDE.

Parce que maintenant tu es capable
d'ACCEPTER LE REJET...

... en comprenant qu'il vient d'eux.
C'est eux qui sont MALADES.

Toi seul es LIBRE.

Toi SEUL.

ACHEVÉ D'IMPRIMER
LE 13 MARS 1985
SUR LES PRESSES DE
L'IMPRIMERIE HÉRISSEY
À ÉVREUX (EURE)

35-30-3502-08
ISBN 2-213-00191-X
Dépô légal : mars 1985
N° d'éditeur : 7079
N° d'imprimeur : 36770

Imprimé en France

35-5502-6